COLLECTION DE MONSIEUR A...

Vente du Samedi 7 Juin 1913

HOTEL DROUOT — SALLE N° 6

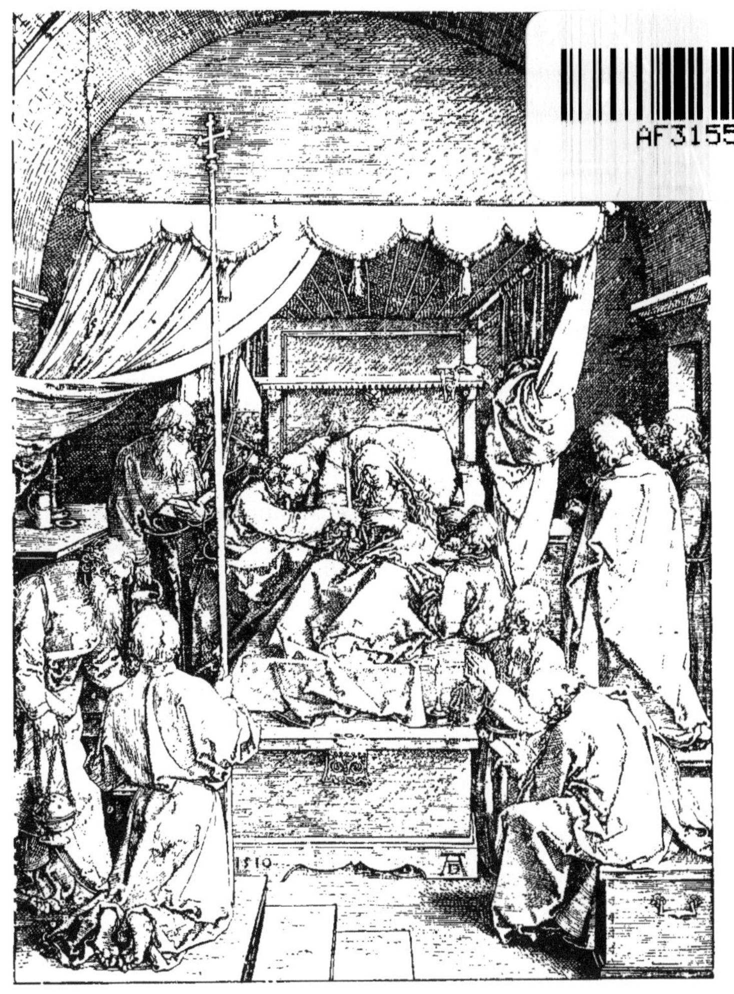

N° 35 du Catalogue.

ESTAMPES & DESSINS
ANCIENS & MODERNES

M° ANDRÉ DESVOUGES   M. LOYS DELTEIL

EXPOSITION PUBLIQUE, HOTEL DROUOT, SALLE N° 6
Le Vendredi 6 Juin 1913, de 2 heures à 6 heures

FRAZIER-SOYE

GRAVEUR-IMPRIMEUR

153-155-157, Rue Montmartre

PARIS

CATALOGUE

DES

ESTAMPES

&

DESSINS

ANCIENS & MODERNES

*Composant la Collection de Monsieur A****

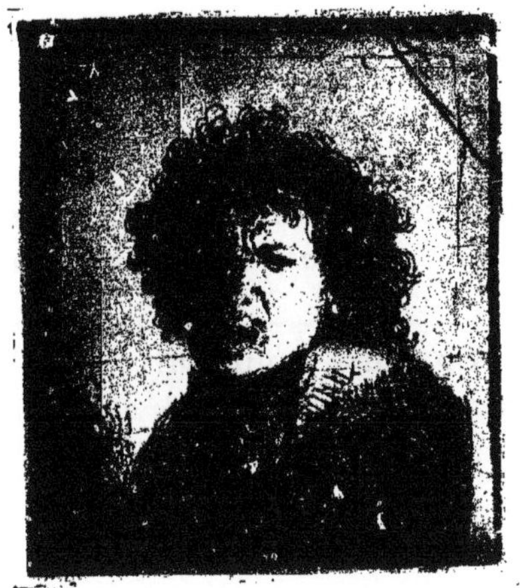

N° 93 du Catalogue.

Dont la vente aura lieu

à Paris, HOTEL DROUOT, Salle N° 6

Le Samedi 7 Juin 1913

à 2 heures précises

Par le Ministère de Mᵉ ANDRÉ DESVOUGES

COMMISSAIRE-PRISEUR

26, Rue de la Grange-Batelière

Assisté de M. LOYS DELTEIL, Graveur et Expert

2, Rue des Beaux-Arts

CONDITIONS DE LA VENTE

Elle sera faite au comptant.

Les adjudicataires paieront *dix pour cent* en sus des enchères.

M. Loys Delteil remplira les commissions que voudront bien lui confier les amateurs ne pouvant y assister.

MM. les Amateurs pourront visiter la collection, *2, rue des Beaux-Arts*, du Lundi 2 au Jeudi 5 Juin 1913, de 2 heures à 5 heures.

Exposition Publique, Hôtel Drouot, Salle N° 6, *le Vendredi 6 Juin 1913, de 2 heures à 6 heures.*

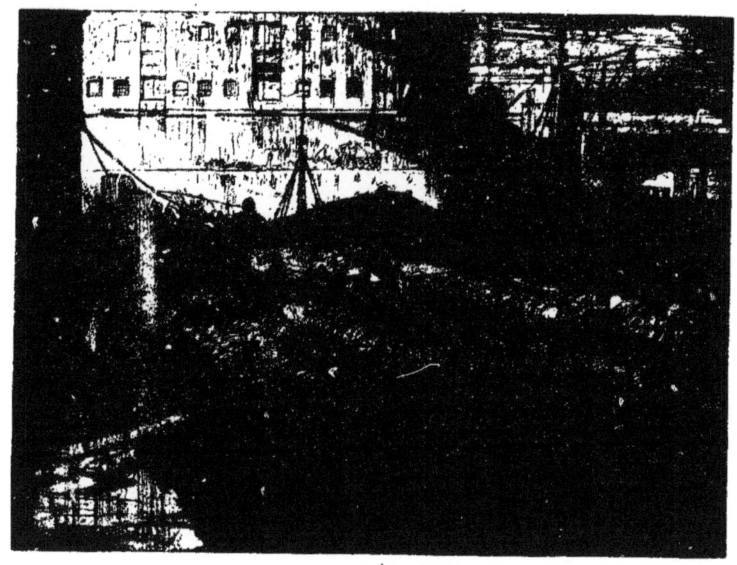

N° 10 du Catalogue.

DÉSIGNATION

BAUDOUIN (d'après P. A.)

1. Le Goûter, par Bonnet (E. B. 24) Épreuve manquant de conservation. Encadrée.

BERTON (Armand)

2. Une Nymphe — Matinée d'Été. Deux pièces. Très belles épreuves, *signées*.

3. Matinée d'Été. Très belle épreuve, *signée*.

BESNARD (P. A.)

4. Le Fauteuil de Mapple. Très belle épreuve, *signée*.

BONNET (L. M.)

5. Joueuse de guitare. Très belle épreuve, *imp. en couleurs, avant toute lettre.* Encadrée.

BRANGWYN (Frank)

6. L'ŒUVRE GRAVÉ DE FRANK BRANGWYN.... CATALOGUE DRESSÉ PAR FRANK NEWBOLT.... Paris, Galerie d'Art décoratif, 1908 1 vol. in-fol. contenant 54 illustrations. Exemplaire n° 10, comprenant 4 eaux-fortes originales en feuilles, *signées.* Cartonnage d'édition.

7. St Nicolas, à Furnes. Superbe épreuve, *signée.*

8. Arbres et usine à Hammersmith. Superbe épreuve *signée.*

9. Entrée de Montreuil-sur-Mer. Superbe épreuve, *signée.*

10. Pont de Londres, n° 3. Superbe épreuve, *signée.*

11. Pont de Barnard Castle, n° 2. Superbe épreuve sur japon, *signée.*

12. La Tempête. Superbe épreuve sur japon, *signée.*

BUHOT (Félix)

13. Une matinée d'Hiver au Quai de l'Hôtel-Dieu (G. B. 123). Très belle épreuve, *timbrée.*

14. L'Hiver à Paris (128). Très belle épreuve sur japon.

15. La Place Pigalle en 1878 (129). Très belle épreuve du 4e état, sur japon. *timbrée.*

16. Une Jetée en Angleterre (132). Très belle et rare épreuve du 2e état (sur 4).

17. Westminster Bridge (156). Très belle épreuve, *tirée en 2 tons, timbrée.*

BUHOT (F.) — LEGROS (Alph.) — LALANNE (M.)

18. La Dame aux Cygnes — Mendiants anglais — Rue
    des Marmousets. Trois pièces (une avec dédi-
    cace).

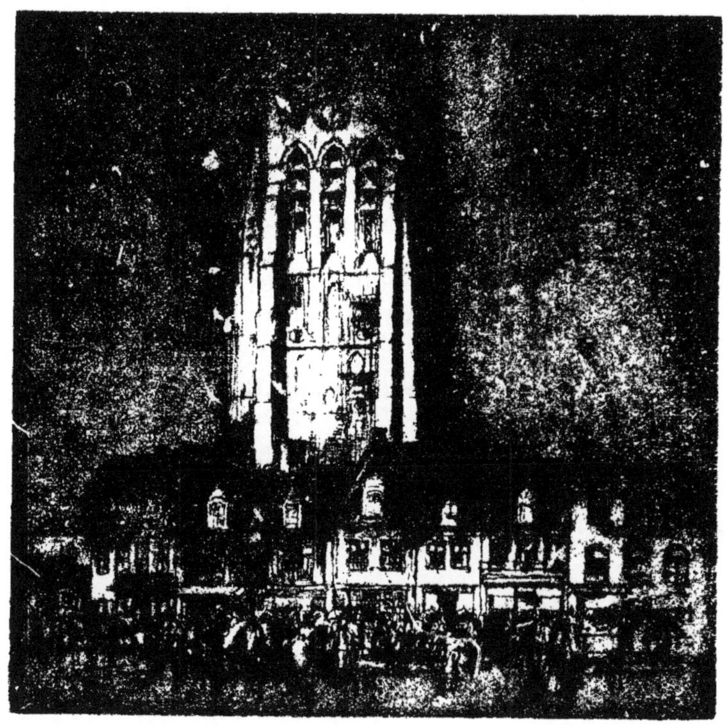

Nº 7 du Catalogue.

CARESME (d'après P. H.)

19. L'Agréable surprise, par Jubier. Belle épreuve,
    imp. en couleurs. Encadrée.

CHAHINE (Edgar)

20. Louise France, à mi-corps. Très belle épreuve sur japon, *avant* la signature, *signée*.

21. Le Sommeil. Superbe épreuve, *signée* (3/50).

22. Le Quai des Orfèvres. Très belle épreuve, *signée* (13 50).

CHALLE (d'après M. A.)

23. La Ruelle, par C. Malapeau. Belle épreuve, *avant toute lettre* (légères épidermures).

CHAMPCOMMUNAL (J.) — CLOT (A,)

24. Le Pont-Neuf. Très belle épreuve, *signée* (n° 14) — Une Figure, d'après Rodin. Deux pièces.

CHARDIN (d'après J. B. S.)

25. La Mère laborieuse, par Lépicié (55). Belle épreuve.

CHEVEAUX (d'après)

26. L'Honnête fripon — La Curieuse, 2 pl., par Patas, se faisant pendants. Encadrées.

CIPRIANI (d'après G. B.)

27. Sujet gracieux, par F. Bartolozzi. Belle épreuve, *imp. en couleurs*. Encadrée.

DAUMIER (Honoré)

28. Le Ventre législatif (306). Belle épreuve (pli).

DEMARTEAU (G.)

29. Le Déjeuner du Chat, d'après J. B. Huet (n° 593).
Très belle épreuve, *imp. en couleurs.* Encadrée.

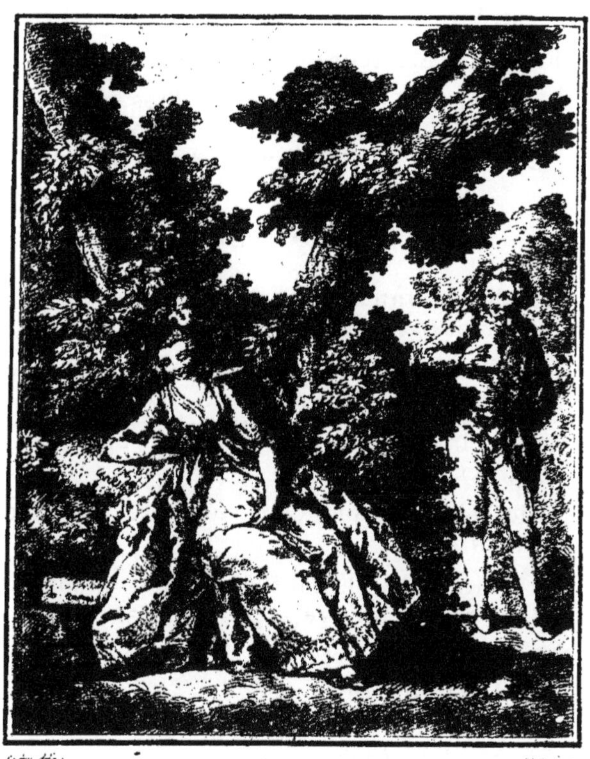

N° 19 du Catalogue.

DESRAIS (d'après C. L.)

30. Le Mari complaisant, par J. M. Mixelle. Belle
épreuve, *imp. en couleurs.* Encadrée.

DURER (Albert)

31. S¹ Sébastien (B. 56). Très belle épreuve.

32. Les Effets de la Jalousie (73). Très belle épreuve.

33. Les trois Génies (66). Très belle épreuve. Encadrée.

34. Frédéric, Electeur de Saxe (104). Belle épreuve.

35. La Mort de la Vierge (93). Très belle épreuve, *avant* le texte au verso, sur papier à la grande Couronne. Collection A. Hubert.

FORAIN (J. L.)

36. Au Restaurant (1). Très belle épreuve, *numérotée* et *timbrée*.

37. Le Cabinet particulier, 6ᵉ planche (15). Très belle épreuve, *signée*. Très rare.

38. Après la saisie (35). Superbe épreuve, *signée* (13/25).

39. Fille-Mère, 1ʳᵉ planche (36). Très belle épreuve *d'essai, signée*.

40. Le Retour de l'Enfant prodigue, 3ᵉ planche (46). Très belle épreuve, *signée* (14/25)

41. Le Calvaire, 1ʳᵉ planche (58). Très belle épreuve du 1ᵉʳ état, *signée*.

42. Le Départ de l'Enfant prodigue. Très belle épreuve du 1ᵉʳ état, *signée*.

43. Femme assise, la tête dans la main droite (61) — A Bullier (11). Deux pièces. Belles épreuves.

FRAGONARD (d'après H.)

44. Le Baiser à la dérobée, par **N. F. Regnault**. Très belle épreuve.

45. Le Serment d'Amour, par J. Mathieu. Bonne
épreuve (sans marges).

GAILLARD (C. F.)

46. Vénus, d'après Thorwaldsen (20). Très belle
épreuve du 2' état, *avec* la signature à la pointe,
signée.

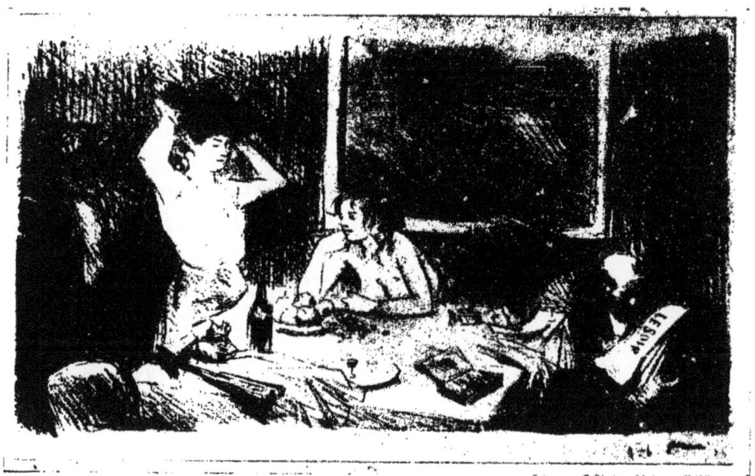

N° 37 du Catalogue.

HADEN (F. Seymour)

47. *On The Test* (H. 20). Très belle épreuve sur japon
pelure.

HUET (d'après J. B.)

48. L'Amour fait l'offrande de son cœur à Vénus, par
Bonnet. Très belle épreuve, *imp. en couleurs.*
Encadrée.

49. La Belle Dormeuse, par Bonnet. Très belle épreuve, *imp. en couleurs*. Encadrée.

50. Le Départ d'une Foire, par Jubier. Très belle épreuve, *imp. en couleurs* (petite cassure). Encadrée.

50 *bis*. Le Pas de Menuet, par Bonnet. Epreuve *imp. en couleurs*, restaurée. Encadrée.

51. Les Soins Maternels, par Bonnet. Très belle épreuve, *imp. en couleurs*.

KOLLWITZ (Käthe)

52. La Carmagnole (J. Sievers 49). Très belle épreuve, sur japon, *signée*.

LAVREINCE (d'après N.)

53. Les Nymphes scrupuleuses, par Vidal (42). Belle épreuve.

54. La Sentinelle en défaut, par Darcis (58). Très belle épreuve, *imp. en couleurs, avec* la 1re adresse.

LEGRAND (Louis)

55. La Môme Terpsichore — On se retourne — Le Déshabillage. Trois pièces. Très belles épreuves, sur japon. Encadrées.

LEHEUTRE (Gustave)

56. L'Ecluse du nouveau canal, Troyes. Superbe épreuve, *signée* (11/20).

57. L'Ecluse du Tréport. Superbe épreuve du 1ᵉʳ état,   115
avant la signature, *signée* (n° 8).

58. Rue Corne-de-Cerf, à Troyes. Superbe épreuve,   92
signée (41/50).

LEPÈRE (Auguste)

59. Sur la Seine, la nuit (6). Très belle épreuve sur   45
japon, *avan* a signature et le titre.

60. Combat contre la neige, quai aux fleurs. Superbe   140
épreuve sur japon, *signée* (n° 16).

61. Retour de Greenwich, grande pl. (31). Superbe   160
épreuve, *signée*.

62. L'Eglise de Jouy-le-Moutier. Très belle épreuve   85
signée (24/35).

63. Place de l'Opéra (225). Très belle épreuve sur   225
japon pelure, *signée* (n° 5).

64. La Cathédrale d'Amiens. Très belle épreuve sur   330
japon, *signée*.

65. La Cathédrale de Reims. Très belle épreuve,   190
signée (n° 12).

66. Amiens, arrivée des légumes. Très belle épreuve   105
du 2ᵉ état, sur japon, *signée* (7/7).

67. La Guinguette, route de Billancourt. Très belle   70
épreuve, *signée* (3/50).

68. L'Orage sur la Dune. Très belle épreuve, *signée*   70
(6/35).

69. L'Arrivée au Moulin. Très belle épreuve, *signée*   130
(24/35).

70. Peupliers têtards. Superbe épreuve, *signée* (4/35).   160

71. Rue des Prêtres St-Séverin — Rue de la Fontaine à Mulard — La Bièvre, vue du passage Moret. Trois pièces, *signées*.

LE PRINCE (d'après J. B.)

72. *The Pleasures of Solitude*, par Bonnet. Belle épreuve, *imp. en couleurs* (légères restaurations). Encadrée.

MAC LAUGHLAN (D. Shaw)

73. La Conciergerie — Le Pont-Neuf. Deux pièces. Tres velles épreuves, *signées*.

74. Notre-Dame — Tannerie, quartier des Gobelins. Deux pièces. Très belles épreuves, *signées*.

MANET (Edouard)

75. Lola de Valence — Fleur exotique — Jeanne Trois pièces. Belles épreuves.

76. Olympia (17) — L'Odalisque (20). Deux pièces. Très belles épreuves.

MERYON (Ch.)

77. La Tour de l'Horloge (28). Très belle épreuve sur chine jaune (l'Artiste).

78. Le Pont-Neuf (33). Superbe épreuve du 5ᵉ état, *avant la lettre* et *avec* la grande cheminée.

MILLET (J. F.)

79. La Bouillie (17). Belle épreuve au *grand* cuivre (la lettre non encrée).

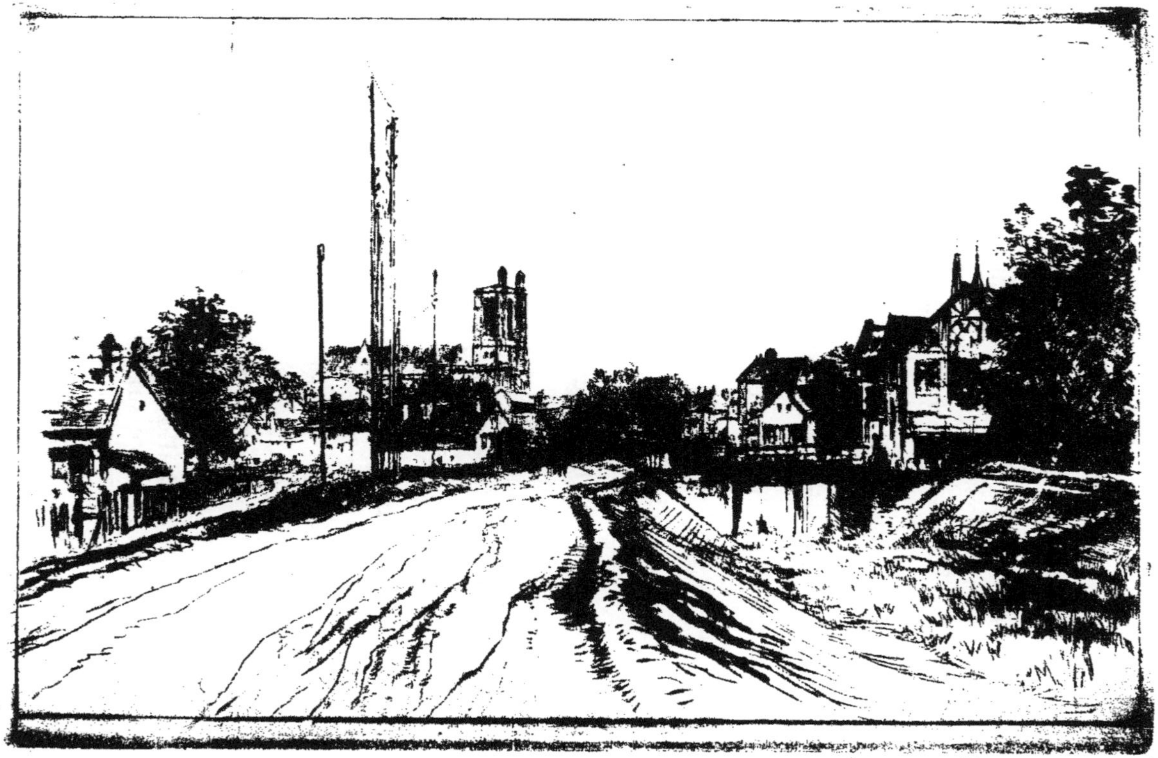

N° 56 du Catalogue.

NAUDIN (Bernard)

80. Les Musiciens. Très belle épreuve, *signée* (18/25).

81. Les Aveugles. Très belle épreuve, *signée* (21-25).

PENNELL (Joseph)

82. Saragosse. Très belle épreuve, *signée*.

83. Hampton Court. Très belle épreuve, *signée*.

84. Le Creusot. Très belle épreuve, *signée*.

85. Venise. Deux pièces. Très belles épreuves.

86. Vues de Londres. Trois pièces. Belles épreuves.

PETERS (d'après W.)

87. Love in her eye sits playing, par L. Boutelow, 1783. Très belle épreuve, *avant la lettre, imp. en couleurs*.

PISSARRO (Camille)

88. Rue du Gros Horloge, Rouen. Très belle épreuve.

RAFFET (A.)

89. Retraite du Bataillon sacré à Waterloo (G. 80). Très belle épreuve sur chine (remontée, légères piqûres). Collection J. Gerbeau.

90. Le Réveil (85). Belle épreuve sur chine.

91. La Revue nocturne (429). Bonne épreuve (coupée aux filets).

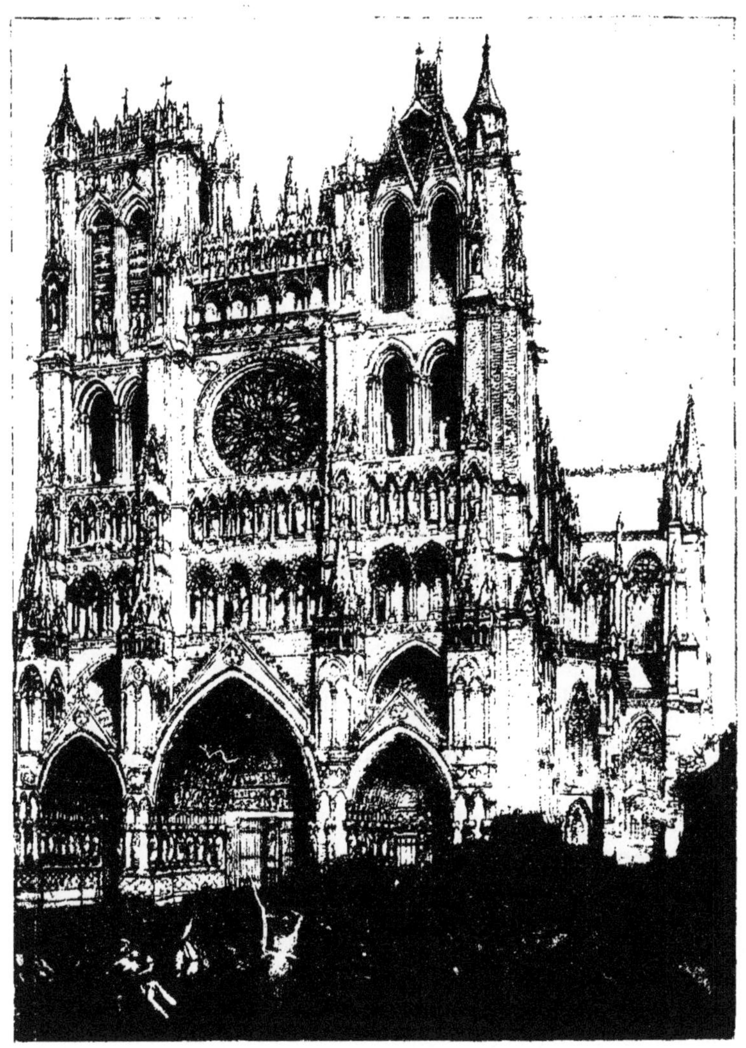

Nᵒ 64 du Catalogue.

92. Sire, vous pouvez compter sur nous... (345) — Le
Représentant a dit... (401) — Demi-Bataillon...
(418) — Bautzen (423). Quatre pièces. Belles
épreuves.

REMBRANDT VAN RIJN

93. Rembrandt à la bouche ouverte (B. 13). Superbe
épreuve des collections Aylesford et Perry.

94. Rembrandt et sa Femme (19). Epreuve encadrée.

95. Agar renvoyée par Abraham (30). Très belle
épreuve.

96. Triomphe de Mardochée (40). Très belle épreuve.

97. Jésus au Jardin des Oliviers (75). Très belle
épreuve.

98. Martyre de S¹-Etienne (97). Belle épreuve.

99. Le petit Orfèvre (123). Très belle épreuve du
1ᵉʳ état.

100. Le Cochon (157). Très belle épreuve.

100 *bis*. Figures académiques d'hommes (194) — La
Négresse. Deux pièces. Belles épreuves.

101. Vieillard portant la main à son bonnet (259). Belle
épreuve, *avant* la planche terminée (légère
épidermure).

102. Clément de Jonghe (B. 272). Très belle épreuve.

103. Vieille qui dort (350). Très belle épreuve.

RODIN (Aug.)

104. Victor Hugo, de face (7). Très belle épreuve,
avant la lettre.

105. H. Becque (9). Belle épreuve, *signée* des initiales (n° 32).

ROWLANDSON, PUGIN ET BLUCK

106. *Bartholomew Fair*. Belle épreuve, *coloriée*.

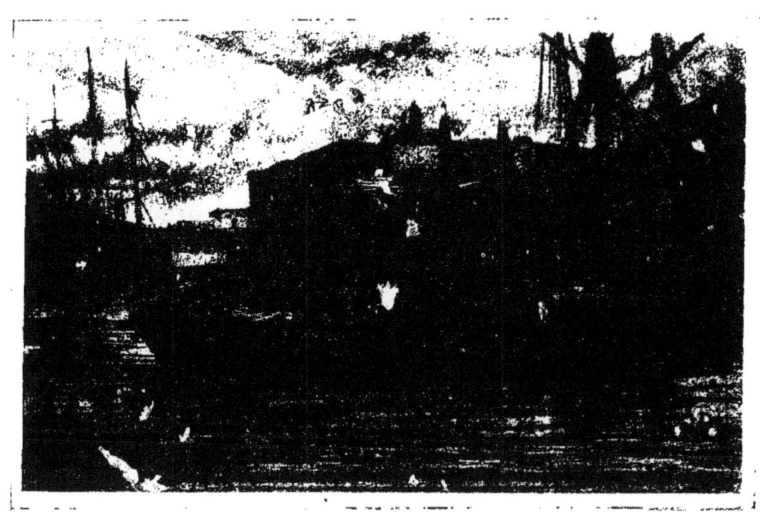

N° 114 du Catalogue.

SAINT-AUBIN (d'après Aug. de)

107. La Tendresse Maternelle — L'Heureuse Mère — La Sollicitude Maternelle — L'Heureux Ménage (412 à 415). Suite de 4 pl., par Sergent, Phelippeaux, Gautier et Morret. Belles épreuves, *imp. en couleurs*.

STEINLEN (T. A.)

108. A la porte du bouge. Très belle épreuve, *signée*.

109. Les Chanteurs des Rues. Superbe épreuve, *signée*.

109 *bis*. Les deux Blanchisseuses. Très belle épreuve. *signée*.

110. Misère. Très belle épreuve sur chine, *signée*.

111. Pauvre hère! Très belle épreuve, *signée*.

THOUVENIN

112. L'Amour suppliant. Très belle épreuve, *imp. en couleurs*, légers rehauts.

WHISTLER (J. M. N.)

113. S' James Street (K. 169). Très belle épreuve.

114. Limehouse (W. 4). Très belle épreuve.

ZORN (Anders)

115. Violoniste de village (185). Très belle épreuve.

DESSINS

EISEN (Charles)

116. Deux compositions, en-têtes de chapitre. A la
mine de plomb. *Signés* et datés : 1796 et
1772. Encadrés.

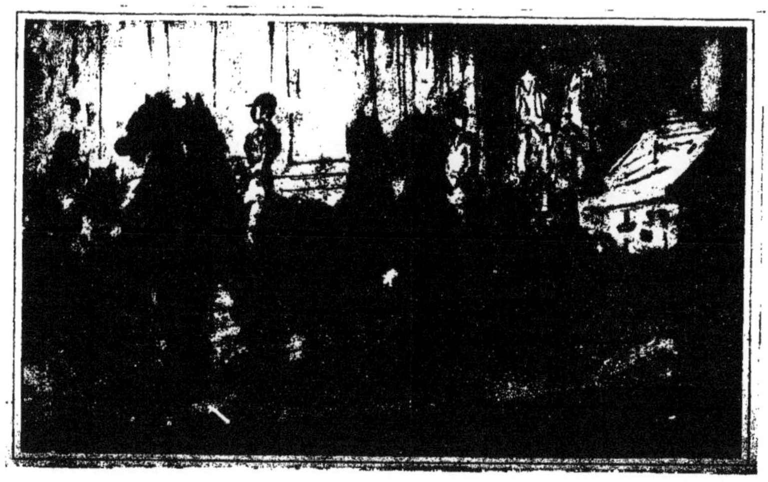

N° 119 du Catalogue.

GUYS (Constantin)

117. La Grande tenue. A l'encre de chine, avec légers
rehauts. Encadré.

H. 398. L. 256.

118. La Femme en bleu. Aquarelle. Encadrée.

H. 300. L. 204.

119. La grande Calèche (en Daumont). A l'encre de chine, avec rehauts d'aquarelle. Collection Nadar. Encadré.

L. 340. H. 207.

120. L'Elégante. A l'encre de chine. Encadré.

H. 283. L. 171.

121. En Promenade. A l'encre de chine. Encadré.

H. 288. L. 169.

122. Ces Dames au salon. A l'encre de chine, avec légers rehauts. Encadré.

L. 275. H. 182.

123. En tenue de Bal. A l'encre de chine. Encadré.

H. 253. L. 169.

124. L'Attelage élégant. Aquarelle.

L. 232. H. 150.

124 *bis*. La Promenade. Aquarelle.

H. 230. L. 170.

125. La Porta Capouana, à Naples. A l'encre de chine. Collection Nadar.

L. 244. H. 163.

125 *bis*. La Porta Capouana, Naples. A l'encre de chine.

L. 216. H. 140.

126. L'Amazone. Aquarelle. *Signée*.

L. 200. H. 170.

127. Le Coupé à deux chevaux. A l'encre de chine.

L. 204. H. 150.

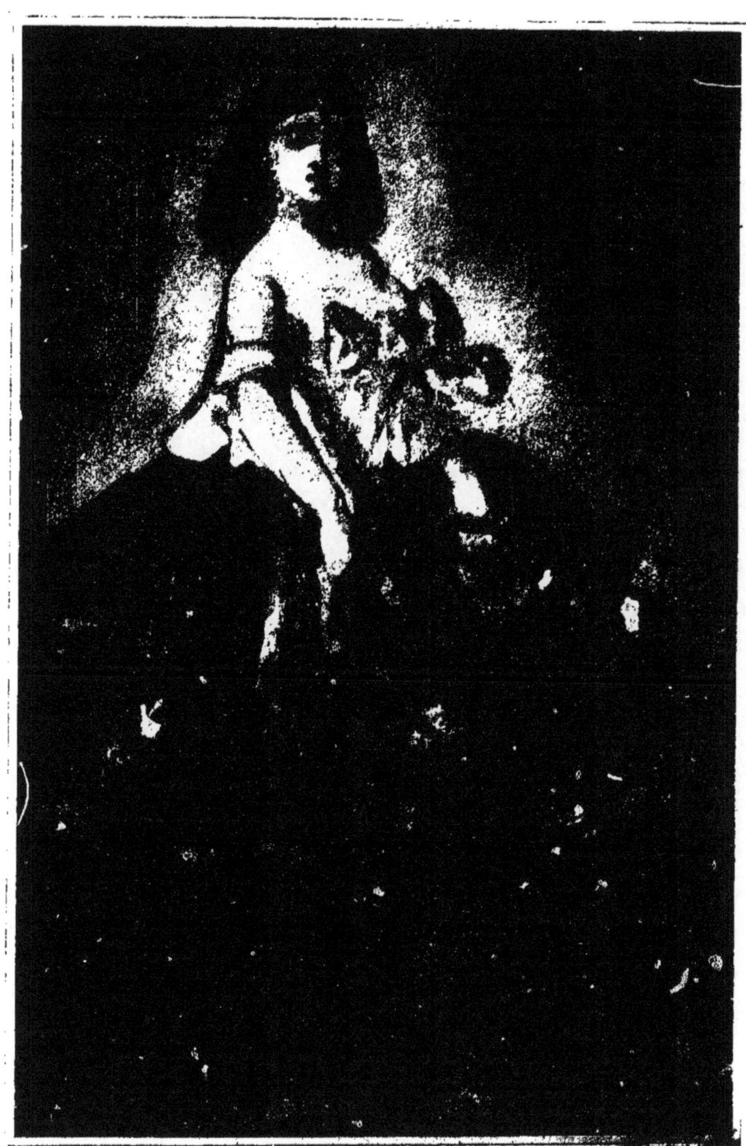

N° 117 du Catalogue.

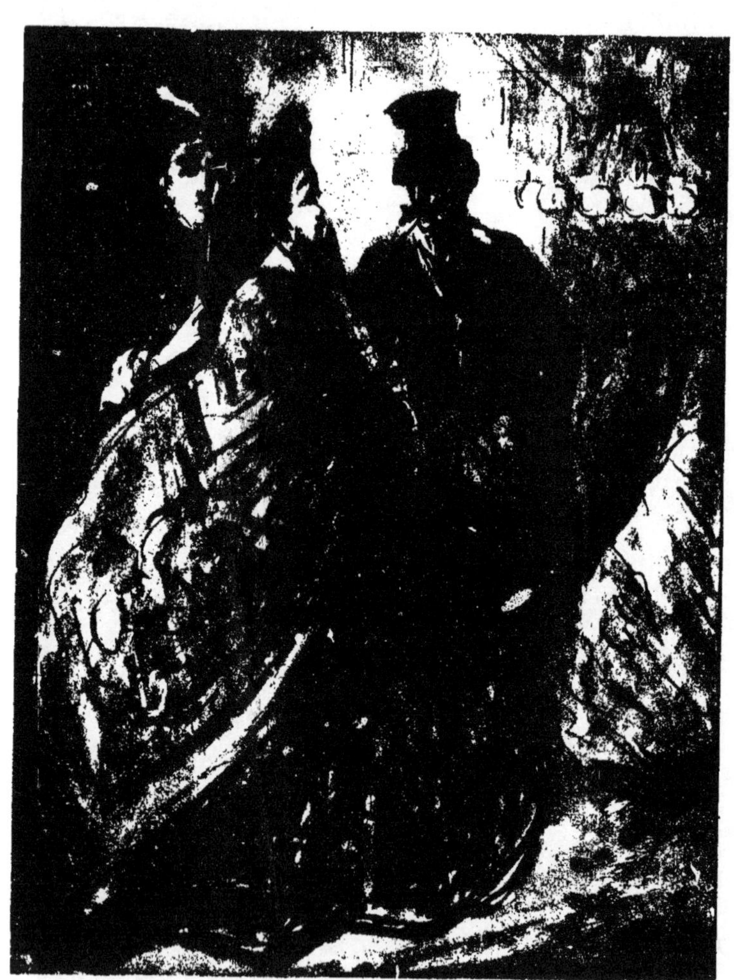

Nº 124 *bis* du Catalogue

128. La Créole. A l'encre de chine. Encadré.

H. 190. L. 130.

128 *bis*. Sujets divers. Deux dessins de la Collection Nadar (un aquarellé).

MOUCHERON (Isaac)

129. Paysage décoratif. Aquarelle. Signé : *J. D. Moucheron F.* Encadré.

H. 190. L. 146.

130. Sous ce numéro, il sera vendu diverses planches, par Goya, Daumier, Gavarni. Hermann-Paul, de Groux. Vallotton. etc.

FRAZIER-SOYE

GRAVEUR-IMPRIMEUR

153-155-157, Rue Montmartre

PARIS